Nom :

Prénom :

D1720142

INDEX

Recette N	Nom de la recette	Évaluation
		/5
		/5
		/5
		/5
		/5
		/5
		/5
		/5
		/5
		/5
		/5
		/5
		/5
		/5
		/5
		/5
		/5
		/5
		/5
		/5
		/5
		/5
		/5

INDEX

Recette N	Nom de la recette	Évaluation
		/5
		/5
		/5
		/5
		/5
		/5
		/5
		/5
		/5
		/5
		/5
		/5
		/5
		/5
		/5
		/5
		/5
		/5
		/5
		/5
		/5
		/5

INDEX

Recette N	Nom de la recette	Évaluation
		/5
		/5
		/5
		/5
		/5
		/5
		/5
		/5
		/5
		/5
		/5
		/5
		/5
		/5
		/5
		/5
		/5
		/5
		/5
		/5
		/5
		/5
		/5
		/5

INDEX

Recette N	Nom de la recette	Évaluation
		/5
		/5
		/5
		/5
		/5
		/5
		/5
		/5
		/5
		/5
		/5
		/5
		/5
		/5
		/5
		/5
		/5
		/5
		/5
		/5
		/5
		/5

INDEX

Recette N	Nom de la recette	Évaluation
		/5
		/5
		/5
		/5
		/5
		/5
		/5
		/5

N° :

NOM DE LA RECETTE :

_____

INGRÉDIENTS :

_____

_____

_____

_____

_____

_____

_____

_____

NOTES :

_____

_____

_____

_____

_____

_____

N° :

NOM DE LA RECETTE :

INGRÉDIENTS :

NOTES :

N° :

NOM DE LA RECETTE :

_____

INGRÉDIENTS :

_____
_____
_____
_____
_____
_____
_____
_____

NOTES :

_____
_____
_____
_____
_____
_____

N° :

NOM DE LA RECETTE :

_____

INGRÉDIENTS :

_____

_____

_____

_____

_____

_____

_____

_____

NOTES :

_____

_____

_____

_____

_____

_____

N°:

NOM DE LA RECETTE :

INGRÉDIENTS :

NOTES :

N° :

NOM DE LA RECETTE :

INGRÉDIENTS :

NOTES :

NOM DE LA RECETTE :

INGRÉDIENTS :

NOTES :

N° :

NOM DE LA RECETTE :

INGRÉDIENTS :

NOTES :

N° :

NOM DE LA RECETTE :

_____

INGRÉDIENTS :

_____

_____

_____

_____

_____

_____

_____

_____

NOTES :

_____

_____

_____

_____

_____

N° :

NOM DE LA RECETTE :

INGRÉDIENTS :

NOTES :

N° :

NOM DE LA RECETTE :

INGRÉDIENTS :

NOTES :

N° :

NOM DE LA RECETTE :

_____

INGRÉDIENTS :

_____

_____

_____

_____

_____

_____

_____

NOTES :

_____

_____

_____

_____

_____

_____

N° :

NOM DE LA RECETTE :

INGRÉDIENTS :

NOTES :

N° :

NOM DE LA RECETTE :

_____

INGRÉDIENTS :

_____

_____

_____

_____

_____

_____

_____

NOTES :

_____

_____

_____

_____

_____

_____

N° :

NOM DE LA RECETTE :

INGRÉDIENTS :

NOTES :

N° :

NOM DE LA RECETTE :

INGRÉDIENTS :

NOTES :

N° :

NOM DE LA RECETTE :

INGRÉDIENTS :

NOTES :

N° :

NOM DE LA RECETTE :

INGRÉDIENTS :

NOTES :

N° :

NOM DE LA RECETTE :

_____

INGRÉDIENTS :

_____

_____

_____

_____

_____

_____

NOTES :

_____

_____

_____

_____

N° :

NOM DE LA RECETTE :

_____

INGRÉDIENTS :

_____

_____

_____

_____

_____

_____

_____

NOTES :

_____

_____

_____

_____

_____

NOM DE LA RECETTE :

INGRÉDIENTS :

NOTES :

N°:

NOM DE LA RECETTE :

INGRÉDIENTS :

NOTES :

N° :

NOM DE LA RECETTE :

INGRÉDIENTS :

NOTES :

N° :

NOM DE LA RECETTE :

INGRÉDIENTS :

NOTES :

NOM DE LA RECETTE :

INGRÉDIENTS :

NOTES :

N° :

NOM DE LA RECETTE :

INGRÉDIENTS :

NOTES :

NOM DE LA RECETTE :

INGRÉDIENTS :

NOTES :

N° :

NOM DE LA RECETTE :

INGRÉDIENTS :

NOTES :

NOM DE LA RECETTE :

INGRÉDIENTS :

NOTES :

N° :

NOM DE LA RECETTE :

INGRÉDIENTS :

NOTES :

NOM DE LA RECETTE :

INGRÉDIENTS :

NOTES :

NOM DE LA RECETTE :

_____

INGRÉDIENTS :

_____

_____

_____

_____

_____

_____

_____

NOTES :

_____

_____

_____

_____

_____

N°:

NOM DE LA RECETTE :

INGRÉDIENTS :

NOTES :

N° :

NOM DE LA RECETTE :

INGRÉDIENTS :

NOTES :

N°:

NOM DE LA RECETTE :

INGRÉDIENTS :

NOTES :

N° :

NOM DE LA RECETTE :

INGRÉDIENTS :

NOTES :

NOM DE LA RECETTE :

INGRÉDIENTS :

NOTES :

N°:

<u>NOM DE LA RECETTE</u> :

<u>INGRÉDIENTS</u> :

<u>NOTES</u> :

NOM DE LA RECETTE :

INGRÉDIENTS :

NOTES :

N° :

NOM DE LA RECETTE :

_____

INGRÉDIENTS :

_____

_____

_____

_____

_____

_____

_____

NOTES :

_____

_____

_____

_____

_____

_____

NOM DE LA RECETTE :

_____

INGRÉDIENTS :

_____

_____

_____

_____

_____

_____

_____

NOTES :

_____

_____

_____

_____

_____

NOM DE LA RECETTE :

INGRÉDIENTS :

NOTES :

N° :

NOM DE LA RECETTE :

INGRÉDIENTS :

NOTES :

N° :

NOM DE LA RECETTE :

INGRÉDIENTS :

NOTES :

N° :

NOM DE LA RECETTE :

INGRÉDIENTS :

NOTES :

N° :

NOM DE LA RECETTE :

_____

INGRÉDIENTS :

_____

_____

_____

_____

_____

_____

_____

NOTES :

_____

_____

_____

_____

_____

_____

NOM DE LA RECETTE :

INGRÉDIENTS :

NOTES :

NOM DE LA RECETTE :

_____

INGRÉDIENTS :

_____

_____

_____

_____

_____

_____

_____

NOTES :

_____

_____

_____

_____

_____

N° :

NOM DE LA RECETTE :

_____

INGRÉDIENTS :

_____

_____

_____

_____

_____

_____

_____

_____

NOTES :

_____

_____

_____

_____

_____

_____

_____

N° :

NOM DE LA RECETTE :

INGRÉDIENTS :

NOTES :

N° :

NOM DE LA RECETTE :

_____

INGRÉDIENTS :

_____

_____

_____

_____

_____

_____

_____

NOTES :

_____

_____

_____

_____

_____

N°:

NOM DE LA RECETTE :

INGRÉDIENTS :

NOTES :

N° :

NOM DE LA RECETTE :

INGRÉDIENTS :

NOTES :

NOM DE LA RECETTE :

INGRÉDIENTS :

NOTES :

N° :

<u>NOM DE LA RECETTE</u> :

<u>INGRÉDIENTS</u> :

<u>NOTES</u> :

N° :

NOM DE LA RECETTE :

INGRÉDIENTS :

NOTES :

N° :

NOM DE LA RECETTE :

_____

INGRÉDIENTS :

_____

_____

_____

_____

_____

_____

_____

NOTES :

_____

_____

_____

_____

_____

_____

NOM DE LA RECETTE :

INGRÉDIENTS :

NOTES :

N° :

NOM DE LA RECETTE :

INGRÉDIENTS :

NOTES :

N° :

NOM DE LA RECETTE :

INGRÉDIENTS :

NOTES :

N°:

NOM DE LA RECETTE :

INGRÉDIENTS :

NOTES :

NOM DE LA RECETTE :

INGRÉDIENTS :

NOTES :

N° :

NOM DE LA RECETTE :

INGRÉDIENTS :

NOTES :

NOM DE LA RECETTE :

INGRÉDIENTS :

NOTES :

N° :

NOM DE LA RECETTE :

_____

INGRÉDIENTS :

_____

_____

_____

_____

_____

_____

_____

_____

NOTES :

_____

_____

_____

_____

_____

_____

N° :

NOM DE LA RECETTE :

INGRÉDIENTS :

NOTES :

NOM DE LA RECETTE :

....

INGRÉDIENTS :

_____

_____

_____

_____

_____

_____

_____

_____

NOTES :

_____

_____

_____

_____

_____

_____

N°:

NOM DE LA RECETTE :

INGRÉDIENTS :

NOTES :

NOM DE LA RECETTE :

INGRÉDIENTS :

NOTES :

N° :

NOM DE LA RECETTE :

INGRÉDIENTS :

NOTES :

N°:

NOM DE LA RECETTE :

INGRÉDIENTS :

NOTES :

NOM DE LA RECETTE :

INGRÉDIENTS :

NOTES :

N° :

NOM DE LA RECETTE :

INGRÉDIENTS :

NOTES :

NOM DE LA RECETTE :

INGRÉDIENTS :

NOTES :

NOM DE LA RECETTE :

INGRÉDIENTS :

NOTES :

N° :

NOM DE LA RECETTE :

INGRÉDIENTS :

NOTES :

N° :

NOM DE LA RECETTE :

_____

INGRÉDIENTS :

_____

_____

_____

_____

_____

_____

_____

_____

NOTES :

_____

_____

_____

_____

_____

_____

N° :

NOM DE LA RECETTE :

INGRÉDIENTS :

NOTES :

N°:

NOM DE LA RECETTE :

INGRÉDIENTS :

NOTES :

N° :

NOM DE LA RECETTE :

_____

INGRÉDIENTS :

_____

_____

_____

_____

_____

_____

_____

NOTES :

_____

_____

_____

_____

_____

_____

N° :

NOM DE LA RECETTE :

INGRÉDIENTS :

NOTES :

N° :

NOM DE LA RECETTE :

_____

INGRÉDIENTS :

_____

_____

_____

_____

_____

_____

_____

_____

NOTES :

_____

_____

_____

_____

_____

_____

N° :

NOM DE LA RECETTE :

INGRÉDIENTS :

NOTES :

N° :

NOM DE LA RECETTE :

_____

INGRÉDIENTS :

_____

_____

_____

_____

_____

_____

_____

NOTES :

_____

_____

_____

_____

_____

N° :

NOM DE LA RECETTE :

INGRÉDIENTS :

NOTES :

N° :

NOM DE LA RECETTE :

INGRÉDIENTS :

NOTES :

N°:

NOM DE LA RECETTE :

INGRÉDIENTS :

NOTES :

N° :

NOM DE LA RECETTE :

INGRÉDIENTS :

NOTES :

NOM DE LA RECETTE :

INGRÉDIENTS :

NOTES :

N° :

NOM DE LA RECETTE :

INGRÉDIENTS :

NOTES :

NOM DE LA RECETTE :

....

INGRÉDIENTS :

....

....

....

....

....

....

....

NOTES :

....

....

....

....

....

N°:

NOM DE LA RECETTE :

INGRÉDIENTS :

NOTES :

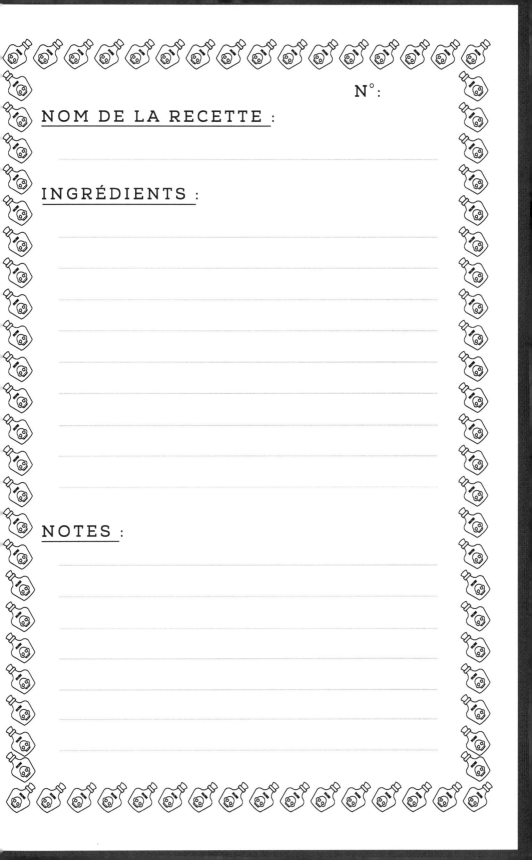

N° :

NOM DE LA RECETTE :

INGRÉDIENTS :

NOTES :

N° :

NOM DE LA RECETTE :

INGRÉDIENTS :

NOTES :

N° :

NOM DE LA RECETTE :

INGRÉDIENTS :

NOTES :

N° :

NOM DE LA RECETTE :

INGRÉDIENTS :

NOTES :

N° :

NOM DE LA RECETTE :

INGRÉDIENTS :

NOTES :

N°:

NOM DE LA RECETTE :

INGRÉDIENTS :

NOTES :

N°:

NOM DE LA RECETTE :

INGRÉDIENTS :

NOTES :

N° :

NOM DE LA RECETTE :

INGRÉDIENTS :

NOTES :

Printed in France by Amazon
Brétigny-sur-Orge, FR

20603802R00062